STRUM & SING

BEST OF GORDON LIGHTFOOT

Cover photo courtesy of Warner Bros. Records/Photofest

ISBN 978-1-4950-0686-9

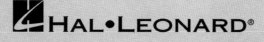

Visit Hal Leonard Online at
www.halleonard.com

Contact us:
Hal Leonard
7777 West Bluemound Road
Milwaukee, WI 53213
Email: info@halleonard.com

In Europe, contact:
Hal Leonard Europe Limited
42 Wigmore Street
Marylebone, London, W1U 2RN
Email: info@halleonardeurope.com

In Australia, contact:
Hal Leonard Australia Pty. Ltd.
4 Lentara Court
Cheltenham, Victoria, 3192 Australia
Email: info@halleonard.com.au

Baby Step Back

Words and Music by
Gordon Lightfoot

(Capo 2nd fret)

E5   Em   Bm7   A   G

Intro

‖ E5 | |Em |

Verse 1

| ‖Em |
  Now, it looks to me like the same ___ old place.
| Bm7 |Em
In the sky, it looks like rain.
|A |
The same old town with the same ___ old streets,
| |Em |
My address has not changed.
| |A |
  You can find me there with the door shut tight,
| G |Em
And the one wish that remains.

Chorus 1

‖ A |
Ba - by, step back, ba - by, step back.
| |Em |
Either step up or step back.

Verse 2

| ‖Em |
  Now you know I don't write no ___ bad checks.
| Bm7 |Em |
I have no wish to repent.
|A |
 I've seen a few, but what - ever I do,
| |Em |
I don't cause ___ no accidents.
|A |
 Whiskey and wine help me pass the time,
| G |Em
I don't leave ___ no ___ evidence.

Chorus 2

```
          ‖A              |
Ba - by, step back, ba - by, step back.
         |              |Em
Either step up or step back.
        |A              |
Ba - by, step back, ba - by, step back.
           |        G       |Em   |        |
Either step up or ___ step back.
```

Guitar Solo 1

```
‖Em        |        |  Bm7  |Em        |
|A         |        |       |Em        |
|A         |        |  G    |Em        |
```

Verse 3

```
|     ‖Em                           |
     Still I don't kneel down, I was born ___ to fight,
      |         Bm7        |Em            |
So you best leave ___ me alone.
|A                    |
 Maybe I'll get much more ___ than I need
           |                    |Em        |
Or much less ___ than I should own.
|A              |
 Last of all, let me say it again,
        |         G            |Em
Either step up or ___ step on.
```

Chorus 3   *Repeat Chorus 2*

Guitar Solo 2

```
‖Em        |        |  Bm7  |Em        |
|A         |        |       |Em        |
```

Chorus 3

```
     ‖A              |
Ba - by, step back, ba - by, step back.
        |              |Em
Either step up or step back.
       |A              |
Ba - by, walk back, ba - by, walk back.
         |        G       |Em   |
Either walk on or ___ walk back.
        |A              |
Ba - by, step back, ba - by, step back.
        |              |Em
Either step up or step back.
       |A              |
Ba - by, step back, ba - by, step back.
         |        G       |Em
Either step up or ___ step back.        *Fade out*
```

Beautiful

Words and Music by
Gordon Lightfoot

(Capo 2nd fret)

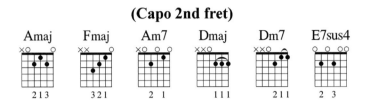

Amaj   Fmaj   Am7   Dmaj   Dm7   E7sus4

Intro

‖: **Amaj7** | | **Fmaj7** | :‖

Verse 1

‖ **Amaj7** | |
     At times I just don't know

| **Am7** | | **Dmaj7**
     How you could be ___ anything but beau - tiful.

| | **Dm7** |
I think that I was made for you

| | **Amaj7** | **Am7** |
     And you were made for me.

| | **Dmaj7**
     And I know that I will never change,

| | **Dm7** |
'Cause we've been friends   through rain or shine

| | **Amaj7** | **Fmaj7** | |
     For such a long, long time.

Verse 2

```
‖Amaj7              |              |
   Laughing eyes and smiling face,
| Am7          |                    | Dmaj7
     It seems so ___ lucky just to have ___ the right
   |                  | Dm7          |
Of telling you with all my might
   |                          | Amaj7    |      | Am7      |
     You're beautiful to - night.
   |                          | Dmaj7
And I know that you will never stray,
           |               | Dm7               |
'Cause you've been that way    from day to day
|                    | Amaj7    |      | Fmaj7  |        |
     For such a long, long time.
```

Verse 3

```
‖ Amaj7            |              |
     And when you hold me tight
| Am7            |                    | Dmaj7
     How could life be ___ anything but beau - tiful?
   |              | Dm7          |
I think that I was made for you
   |                          | Amaj7    |      | Am7      |
     And you were made for me.
   |                          | Dmaj7
And I know that I will never change
         |               | Dm7                      |
'Cause we've been friends    through rain or shine
|                    | Amaj7    |      | Am7    |        |
     For such a long, long time.
```

Bridge

```
‖ Dmaj7          |                    | Amaj7        |
   I must say, it means so much to me
|        | Dmaj7          |      | E7sus4      |
To be ___ the one ___ that's tellin' you.
|        |        |        | Amaj7  |      | Fmaj7  |        |
I'm telling you that you're beautiful.
```

Outro

```
        ‖ Amaj7    |          | Fmaj7  |        | Amaj7        ‖
```

Bitter Green

Words and Music by
Gordon Lightfoot

(Capo 2nd fret)

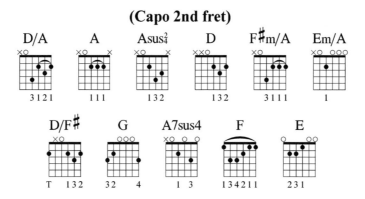

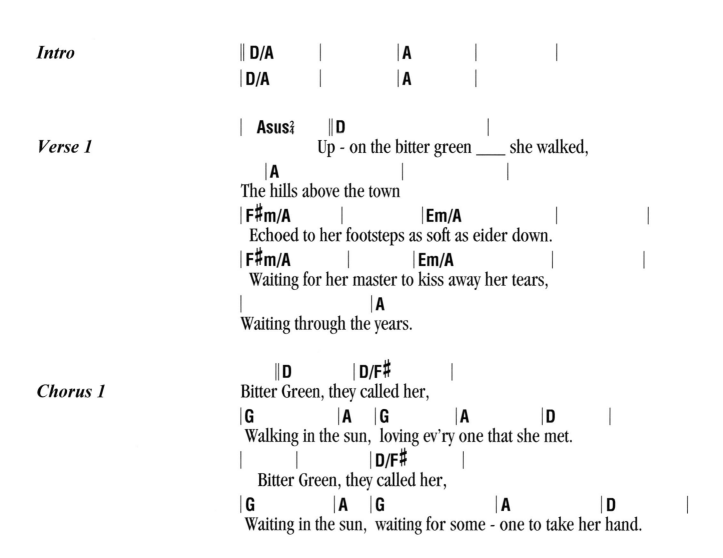

Intro

‖ **D/A** | | **A** | |

| **D/A** | **A** |

Verse 1

| **Asus²₄**   ‖ **D** |

Up - on the bitter green ___ she walked,

| **A** | |

The hills above the town

| **F#m/A** | | **Em/A** | |

Echoed to her footsteps as soft as eider down.

| **F#m/A** | | **Em/A** | |

Waiting for her master to kiss away her tears,

| | **A**

Waiting through the years.

Chorus 1

‖ **D** | **D/F#** |

Bitter Green, they called her,

| **G** | **A** | **G** | **A** | **D** |

Walking in the sun, loving ev'ry one that she met.

| | | **D/F#** |

Bitter Green, they called her,

| **G** | **A** | **G** | **A** | **D** |

Waiting in the sun, waiting for some - one to take her hand.

Verse 2

```
|        ‖D        |              |A7sus4    |
```
Some say he was a sailor who died away at sea.
```
        |F♯m/A    |        |Em/A        |
```
Some say he was a pris'ner who never was set free.
```
|F♯m/A        |        |Em/A        |        |
```
Lost upon the ocean, he died there in the mist,
```
|                |A
```
Dreaming of her kiss.

Chorus 2

```
        ‖D        |D/F♯        |
```
Bitter Green, they called her,
```
|G        |A   |G        |A        |D        |
```
Walking in the sun, loving ev'ry one that she met.
```
|        |        |D/F♯        |
```
Bitter Green, they called her,
```
|G        |A   |G        |A        |D        |
```
Waiting in the sun, waiting for some - one to take her home.

Interlude

```
|        ‖A        |        |G        |
|        |F        |E   G   |A        |
```

Verse 3

```
|        ‖D        |              |A        |
```
But now the bitter green is gone, the hills have turned to rust.
```
|        |F♯m/A        |              |Em/A        |        |
```
There comes a weary stranger, his tears ___ fall in the dust.
```
|F♯m/A        |        |Em/A        |        |
```
Kneeling by the church - yard in the autumn mist,
```
|                |A
```
Dreaming of a kiss.

Chorus 3   *Repeat Chorus 1*

Chorus 4

```
|        ‖D        |D/F♯        |
```
Bitter Green, they called her,
```
|G        |A   |G        |A        |D        |
```
Walking in the sun, loving ev'ry one that she met.
```
|        |        |D/F♯        |
```
Bitter Green, they called her,
```
|G        |A   |G        |A        |        |        |
```
Waiting in the sun, waiting for some - one
```
|                |D        |        |        |‖
```
To take her hand.

Canadian Railroad Trilogy

Words and Music by
Gordon Lightfoot

Drop D tuning:
(low to high) D - A - D - G - B - E

(Capo 3rd fret)

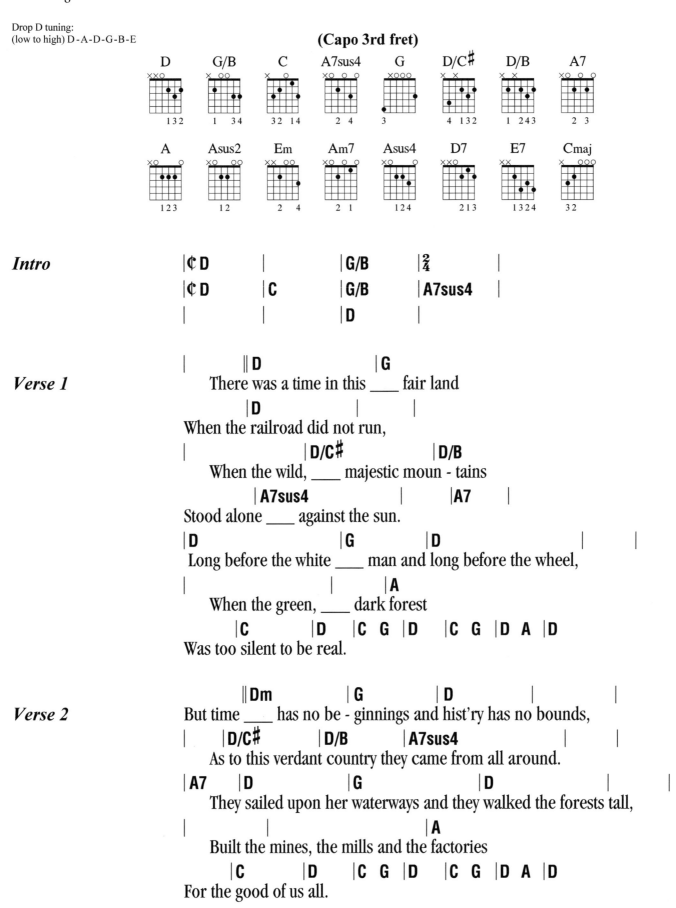

Intro

¢ D		G/B	²⁄₄
¢ D	C	G/B	A7sus4
		D	

Verse 1

| ‖ D |G
There was a time in this ___ fair land
          |D | |
When the railroad did not run,
| |D/C♯ |D/B
When the wild, ___ majestic moun - tains
        |A7sus4 | |A7 |
Stood alone ___ against the sun.
|D |G |D | |
 Long before the white ___ man and long before the wheel,
| | |A
When the green, ___ dark forest
        |C |D |C G |D |C G |D A |D
Was too silent to be real.

Verse 2

              ‖ Dm |G |D | |
But time ___ has no be - ginnings and hist'ry has no bounds,
| |D/C♯ |D/B |A7sus4 | |
As to this verdant country they came from all around.
|A7 |D |G |D | | |
They sailed upon her waterways and they walked the forests tall,
| | |A
Built the mines, the mills and the factories
        |C |D |C G |D |C G |D A |D
For the good of us all.

Verse 3

```
       ‖ D              |G      |D        |
And when ___ the young man's fancy had turned into the spring,
|     |D/C♯         |D/B      |A7sus4        |           |
    The railroad men grew restless for to hear the hammers ring.
|A7   |D           |G         |D        |           |
    Their minds were over - flowing with the visions of their day,
|     |           |A
    With many a fortune won and lost,
|C           |D      |      |      |
And many a debt to pay.
```

Verse 4

```
|      ‖Asus2         |    |Em          |
For they look in the fu - ture and what did they see?
|             |C        |           |D       |        |
    They saw an iron road running from the sea to the sea,
|Asus2            |     |Em            |
  Bringing the goods ___ to a young, growing land,
|     |C          |        |D       |     |     |
    All up from the sea - ports and into their hands.
```

Verse 5

```
|              ‖Am7  |  |D       |
Look away _____ said they,
|      |Am7        |         |D        |
A - cross this mighty land.
|        |Am7    |    |D         |
From the east   -   ern shore
|        |Am7  |     |D        |      |
To the west   -   ern strand.
```

Verse 6

```
‖: Asus2              |    |Em              |
  Bring in the work - ers and bring up the rails.
|         |C          |        |D        |        |
    We gotta lay down the tracks ___ and tear up the trails.
|Asus2            |    |Em            |
  Open their heart, ___ let the life blood flow.
|     |C           |               |D         |        :‖
    Gotta get on our way ___ 'cause we're movin' too slow.
|C           |           |A       Asus4|   Asus2  |
Get on our way ___ 'cause we're moving too slow.
|A   Asus4 |    Asus2 |A   Asus4 |   Asus2  |
|A         | Asus2    |        |
```

11

Verse 7

```
|        ||¾ D           | D7       | G        | A        |
        Be - hind the blue Rockies the sun is de - clinin'.
| D                              | G        | E7       | A  |      |
    The stars, they come stealing ___ at the close ___ of the day.
| D                    | D7       | G        | A        |
    Across the wide prairie our loved ones lie sleeping
| D                    | G        | A  | D |      |
    Beyond the dark ___ oceans in a place far a - way.
```

Verse 8

```
|| D7          |        | G        | A        |
    We are the Navies who work upon the rail - way,
| D          | G                 | E7       | A  |      |
    Swingin' our hammers in the bright, ___ blazin' ___ sun,
| D          | D7       | G        | A        |
    Livin' on ___ stew and drinkin' bad whiskey,
| D          | G        | A  | D |      |
    Bendin' our ___ backs till the long days are gone.
```

Verse 9

```
|| D7          |        | G        | A        |
    We are the Navies who work upon the rail - way,
| D          | G                 | E7       | A  |      |
    Swingin' our hammers in the bright, ___ blazin' ___ sun,
| D               | D7       | G        | A        |
    Layin' down___ track and building the bridges,
| D          | G                | A  |      |¼ D |Am7 |
    Bendin' our ___ backs till the rail - road      is done.
| D    |Am7 |D    |
```

Verse 10

```
|      || ¢ Asus2        |        | Em        |        |
        So over the moun - tains and over the plains,
| C          |          | D          |          |
    Into the Mus - keg and into the rain,
| Asus2           |          | Em        |
    Up the Saint Law - rence, all the way to Gaspe,
|          | C          |          | D          |          |
    We're swinging our ham - mers and drawing our pay.
```

Verse 11

```
|| Asus2           | Em          |
    Drivin' 'em in ___ and tyin' 'em down,
|      | C          |          | D          |
    A - way to the bunk - house and into the town,
|      | Asus2          | Em          |
    A dollar a day ___ and a place for my head,
|      | C          | A          |      |      |
    But a drink to the livin' a toast to the dead.
```

Verse 12

```
|           ‖D   |          |Am7  |            |            |
            Oh, the song of the fu - ture  has been sung.
|       |A      |         |D     |
All the battles have been won.
|       |Am7    |         |      |            |
On the mountain tops we stand.
|       |       |         |      |D           |
All the world at our command.
|       |Am7    |         |D     |
We have opened up the soil
|       |Am7 N.C.         |A     |            |            |
With our teardrops and our toil.
```

Verse 13

```
|              ‖D             |G
           For there was a time in this ___ fair land
             |D        |        |
When the railroad did not run,
|                     |D/C♯           |D/B
    When the wild, ___ majestic moun - tains
          |A7sus4              |        |A7    |
Stood alone ___ against the sun.
|D                            |G        |D            |            |
 Long before the white ___ man and long before the wheel,
|                    |        |A
    When the green, ___ dark forest
        |C          |D    |
Was too silent to be real.
|                    |        |A
    When the green, ___ dark forest
        |C          |D    |
Was too silent to be real.
|       |            |A     |
    And many are the dead ___ men
|       |C      |    |Cmaj7  |       |D7    |
    Too silent           to be ___ real.
```

Outro

```
‖: D7      |        |       :‖        ‖
```

Carefree Highway

Words and Music by
Gordon Lightfoot

(Capo 2nd fret)

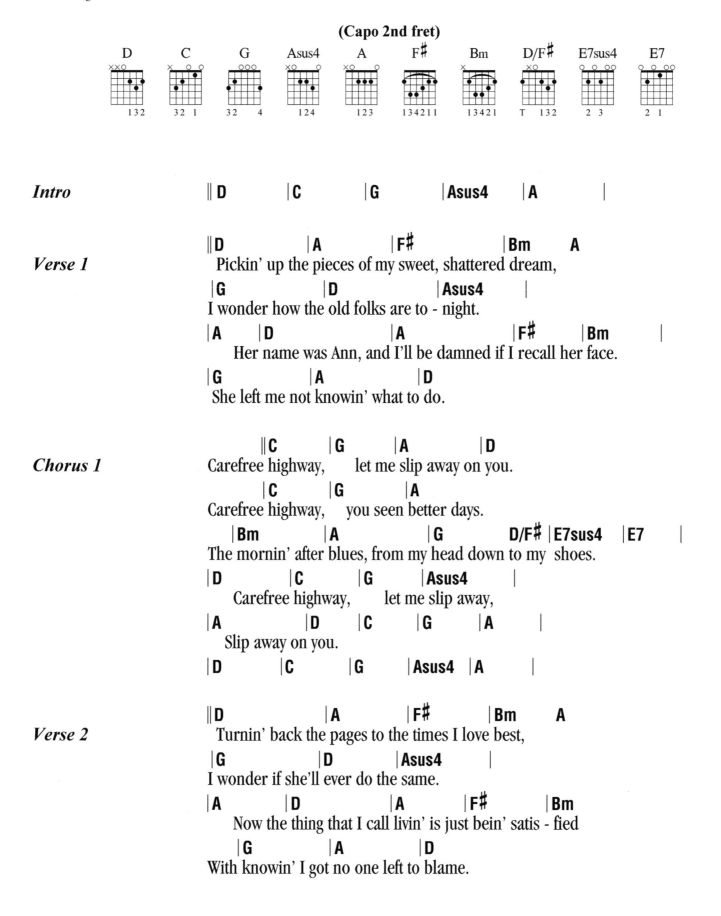

Intro   ‖D |C |G |Asus4 |A |

Verse 1
‖D |A |F♯ |Bm   A
Pickin' up the pieces of my sweet, shattered dream,
|G |D |Asus4 |
I wonder how the old folks are to - night.
|A |D |A |F♯ |Bm |
Her name was Ann, and I'll be damned if I recall her face.
|G |A |D
She left me not knowin' what to do.

Chorus 1
‖C |G |A |D
Carefree highway,   let me slip away on you.
|C |G |A
Carefree highway,   you seen better days.
|Bm |A |G   D/F♯ |E7sus4 |E7 |
The mornin' after blues, from my head down to my shoes.
|D |C |G |Asus4 |
Carefree highway,   let me slip away,
|A |D   C |G |A |
Slip away on you.
|D |C |G |Asus4 |A |

Verse 2
‖D |A |F♯ |Bm   A
Turnin' back the pages to the times I love best,
|G |D |Asus4 |
I wonder if she'll ever do the same.
|A |D |A |F♯ |Bm
Now the thing that I call livin' is just bein' satis - fied
|G |A |D
With knowin' I got no one left to blame.

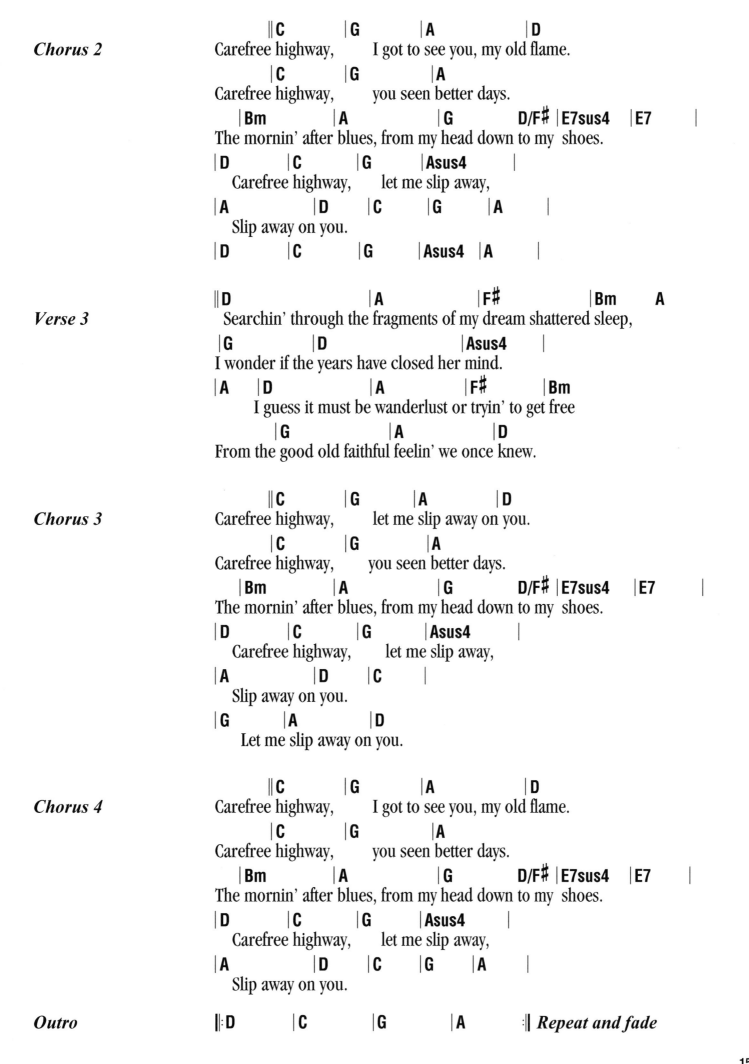

Chorus 2

```
           ‖C        |G        |A           |D
Carefree highway,        I got to see you, my old flame.
           |C        |G          |A
Carefree highway,       you seen better days.
      |Bm         |A             |G          D/F♯ |E7sus4    |E7        |
The mornin' after blues, from my head down to my  shoes.
    |D        |C        |G       |Asus4       |
    Carefree highway,     let me slip away,
|A            |D    |C     |G         |A        |
   Slip away on you.
|D        |C        |G       |Asus4  |A         |
```

Verse 3

```
     ‖D               |A             |F♯         |Bm       A
    Searchin' through the fragments of my dream shattered sleep,
|G         |D                 |Asus4      |
I wonder if the years have closed her mind.
|A    |D           |A           |F♯     |Bm
    I guess it must be wanderlust or tryin' to get free
       |G             |A          |D
From the good old faithful feelin' we once knew.
```

Chorus 3

```
           ‖C        |G        |A           |D
Carefree highway,       let me slip away on you.
           |C        |G          |A
Carefree highway,       you seen better days.
      |Bm         |A             |G          D/F♯ |E7sus4    |E7        |
The mornin' after blues, from my head down to my  shoes.
    |D        |C        |G       |Asus4       |
    Carefree highway,      let me slip away,
|A            |D    |C          |
   Slip away on you.
|G        |A          |D
   Let me slip away on you.
```

Chorus 4

```
           ‖C        |G         |A          |D
Carefree highway,        I got to see you, my old flame.
           |C        |G          |A
Carefree highway,       you seen better days.
      |Bm         |A             |G          D/F♯ |E7sus4    |E7       |
The mornin' after blues, from my head down to my  shoes.
    |D        |C        |G       |Asus4       |
    Carefree highway,     let me slip away,
|A            |D    |C     |G     |A         |
   Slip away on you.
```

Outro

```
‖:D        |C        |G          |A            :‖ Repeat and fade
```

Cotton Jenny

Words and Music by
Gordon Lightfoot

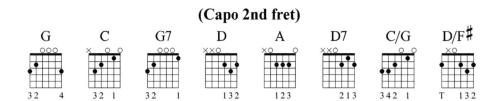

(Capo 2nd fret)

G   C   G7   D   A   D7   C/G   D/F#

Intro

  |G   C |G7   C |G   C |G7   C |

  |G   C |G7   C |G   C |

Verse 1

  |G7 C ||G |

There's a house ___ on the hill,

| |C |G |D

By a worn down weathered old mill in the valley below,

                  | | |G

Where the river winds, ___ there's no such thing as bad times.

       | | |C |G

And a soft ___ southern flame, ___ oh, Cotton Jenny's her name.

         |D |

She wakes me up when the sun goes down

        | |G

And the wheel of love goes 'round.

Chorus 1

‖C | |G |
Wheels of love go 'round,   love go 'round,

| |A | |D |
  Love go 'round,   a joyful sound.

|D7 |G |C/G |D/F♯
    I ain't got a penny for Cotton Jenny to spend,

|D |G   C |G7   C |G   C |
But then the wheels go 'round.

Verse 2

|G7 C   ‖G |
     When the new ___ day begins,

| |C |G |
   I go down to the cotton gin

             |D |
And I make my time worthwhile to them,

| | |G
    Then I climb back up again.

          | |
And she waits ___ by the door,

| |C |G
   "Oh, Cotton Jenny, I'm sore."

             |D |
And she rubs my feet while the sun goes down,

       | |G
And the wheel of love goes 'round.

Chorus 2   *Repeat Chorus 1*

Verse 3

```
|G7  C          ‖G              |
         In the hot, ___ sickly south
|            |C              |G
     When they say, "Well, shut my mouth,"
                      |D                  |
I can never be free ___ from the cotton grind.
|       |                     |G
     But I know I got what's mine.
                |            |
Well, a soft, ___ southern flame,
|        |C              |G
     Oh, Cotton Jenny's her name.
              |D                |
She wakes me up when the sun goes down,
         |               |G
And the wheel of love goes 'round.
```

Chorus 3

```
                    ‖C      |        |G      |
     Wheels of love go 'round,    love go 'round,
|           |A      |         |D
     Love go 'round,    a joyful sound.
|D7      |G           |C/G          |D/F♯
     I ain't got a penny for Cotton Jenny to spend,
     |D                    |G    C   |
But then the wheels go 'round.
|G7     C        |G    C      |
     And wheels go 'round,
|G7     C          |G    C |G7  C |G    C |G7  C  |
     Round and 'round.
‖: G     C  |G7   C  |G     C |G7  C :‖ Repeat and fade
                                        w/ vocal ad lib.
```

Early Mornin' Rain

Words and Music by
Gordon Lightfoot

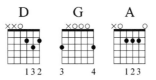

Intro   D | |G | | |

A | G |D | | G | |

Verse 1   D | ‖A | | |
In the early mornin' rain
|G |D |G |D
With a dollar in my hand,
|D |G | |
With an achin' in my heart
|G |D |G |D
And my pockets full of sand,
|D |G | |A
I'm a long way from home
|A |D | G |D
And I miss my loved ones so.
|D |A | |
In the early mornin' rain
|G |D |G |D
With no place to go.

Verse 2

```
      |D              ||A        |              |
Out on runway number nine,
              |G          |D      |G        |D
Big seven-o - seven  set  to  go
        |D              |G        |              |
But I'm stuck here in the grass
          |G          |D      |G        |D
Where the cold winds blows.
          |D          |G        |        |A
Now, the liquor tasted good
      |A              |D        |              |
And the women all were fast.
    |D                  |A        |              |
Well, there she goes, my friend.
            |G              |D        |G        |A          |G          |
Well, she's rollin' down at last.
D        |G          |D
```

Verse 3

```
        |D              ||A        |              |
Hear the mighty engines roar,
      |G              |D      |G        |D
See the silver bird on high.
      |D                  |G        |              |
She's a - way and westward bound;
    |G                  |D      |G        |D
Far a - bove the clouds she'll fly,
          |D              |G        |          |A
Where the mornin' rain don't fall
      |A          |D      |G        |D
And the sun always shines.
          |D          |A        |        |
She'll be flyin' o'er my home
    |G              |D      |G        |A          |G          |
In a - bout three hours time.
D        |G          |D
```

Verse 4

        |D ||A | |
This old airport's got me down,

    |G |D |G |D
It's no earthly good to me,

     |D |G | |
'Cause I'm stuck here on the ground,

      |G |D |G |D
As cold and drunk as I can be.

    |D |G | |A
You can't jump a jet plane

      |A |D |G |D
Like you can a freight train.

   |D |A | |
So I'd best be on my way

 |G |D |G |D
In the early mornin' rain.

   |D |G | |A
You can't jump a jet plane

     |A |D |G |D
Like you can a freight train.

  |D |A | |
So I'd best be on my way

 |G |D |G |A |G |
In the early mornin' rain.

D |G |D ||

(That's What You Get) For Lovin' Me

Words and Music by
Gordon Lightfoot

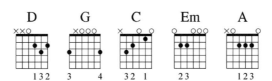

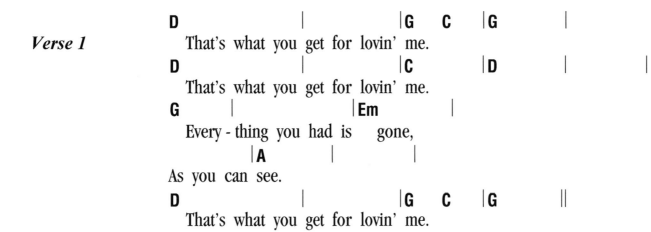

Verse 1

| **D** | | | **G** | **C** | **G** | | |
That's what you get for lovin' me.
| **D** | | | **C** | | **D** | | | |
That's what you get for lovin' me.
| **G** | | | **Em** | | |
Every - thing you had is   gone,
| **A** | | |
As you can see.
| **D** | | | **G** | **C** | **G** | | |
That's what you get for lovin' me.

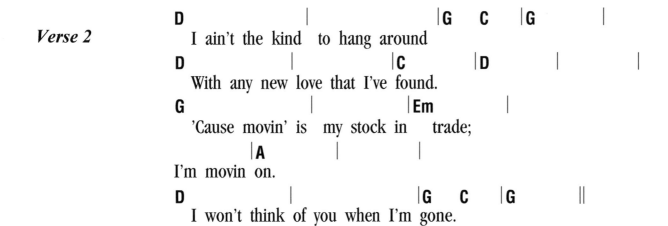

Verse 2

| **D** | | | **G** | **C** | **G** | | |
I ain't the kind to hang around
| **D** | | | **C** | **D** | | | |
With any new love that I've found.
| **G** | | | **Em** | | |
'Cause movin' is my stock in   trade;
| **A** | | |
I'm movin on.
| **D** | | | **G** | **C** | **G** | | |
I won't think of you when I'm gone.

Verse 3

```
D                     |          |G   C |G           |
   So don't you shed a tear for  me,
D                     |            |C         |D       |          |
   'Cause I ain't the love you thought I'd be.
G              |              |Em         |
   I've got a hundred more like you,
               |A         |          |
So don't be blue.
D          |              |G    C     |G        ||
   I'll have a thousand 'fore I'm through.
```

Verse 4

```
D                   |              |G  C  |G        |
   Now, there you go you're cryin' a - gain.
D                   |            |C      |D      |        |
   Now, there you go you're cryin' a - gain.
G              |              |Em        |
   But then some - day when your poor   heart
               |A         |          |
Is on the mend,
D          |              |G  C  |G      ||
   I just might pass this way a - gain.
```

Repeat Verse 1

```
G               |D        |G   C |G      ||
   That's what you get for lovin' me.
```

I'm Not Sayin'

Words and Music by
Gordon Lightfoot

Drop D tuning:
(low to high) D - A - D - G - B - E

(Capo 2nd fret)

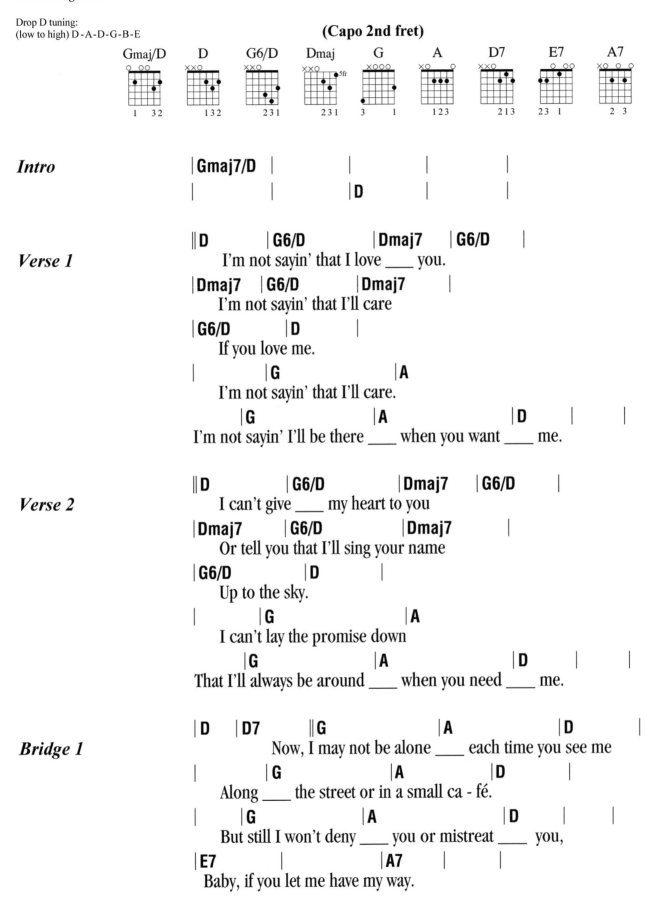

Intro

|Gmaj7/D | | | |
| | |D | | |

Verse 1

‖D |G6/D |Dmaj7 |G6/D |
　　I'm not sayin' that I love ___ you.
|Dmaj7 |G6/D |Dmaj7 |
I'm not sayin' that I'll care
|G6/D |D |
If you love me.
| |G |A
I'm not sayin' that I'll care.
|G |A |D | | |
I'm not sayin' I'll be there ___ when you want ___ me.

Verse 2

‖D |G6/D |Dmaj7 |G6/D |
　　I can't give ___ my heart to you
|Dmaj7 |G6/D |Dmaj7 |
Or tell you that I'll sing your name
|G6/D |D |
Up to the sky.
| |G |A
I can't lay the promise down
|G |A |D | | |
That I'll always be around ___ when you need ___ me.

Bridge 1

|D |D7 ‖G |A |D |
　　Now, I may not be alone ___ each time you see me
| |G |A |D |
Along ___ the street or in a small ca - fé.
| |G |A |D | |
But still I won't deny ___ you or mistreat ___ you,
|E7 | |A7 | |
Baby, if you let me have my way.

Verse 3

```
||D        |G6/D       |Dmaj7    |G6/D       |
     I'm not sayin' I'll be sorry
|Dmaj7    |G6/D              |Dmaj7         |
     For all the things that I might say
|G6/D             |D       |
     That make you cry.
|          |G              |A    |G              |A
     I can't say I'll always do ___ the things you want me to.
          |G              |A         |D     |      |
I'm not sayin' I'll be true, ___ but I'll try.
```

Interlude

```
|G        |A        |D        |G        |
|D        |A        |D        |         |
```

Bridge 2

```
|D   |D7       ||G              |A          |D        |
          Now I may not be alone ___ each time you see me
|        |G              |A              |D       |
     Or show up when I promised that I would.
|        |G              |A         |D     |      |
     But still, I won't deny ___ you or mis - treat you,
|E7          |           |A7     |      |
 Baby, if you love me like you should.
```

Verse 4

```
||D        |G6/D       |Dmaj7    |G6/D       |
     I'm not sayin' I'll be sorry
|Dmaj7    |G6/D              |Dmaj7         |
     For all the things that I might say
|G6/D             |D       |
     That make you cry.
|          |G              |A    |G              |A
     I can't say I'll always do ___ the things you want me to.
          |G              |A         |D     |
I'm not sayin' I'll be true, ___ but I'll try.
|          |G              |A    |G              |A
     I can't say I'll always do ___ the things you want me to.
          |G              |A         |D     |      |
I'm not sayin' I'll be true, ___ but I'll try.
```

Outro

```
|G        |A        |D        |G        |
|D        |A        |D        |        ||
```

If You Could Read My Mind

Words and Music by
Gordon Lightfoot

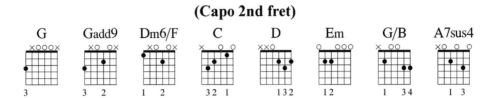

(Capo 2nd fret)

G   Gadd9   Dm6/F   C   D   Em   G/B   A7sus4

Intro |G |Gadd9 |G |Gadd9 |

Verse 1

‖G | |
    If you could read ___ my mind, love,
|Dm6/F | |
    What a tale my thoughts ___ could tell.
|G | |
    Just like an old ___ time movie
|Dm6/F | |
    'Bout a ghost from a wishin' well.
|G |Gadd9 |C
 In a castle dark, ___ or a for - tress strong
               |D |Em
With chains ___ upon my feet.
            |C |G
You know ___ that ghost is me.
       |C |G/B
And I will never be ___ set free
   |A7sus4 |D |G |Gadd9 |
As long as I'm a ghost ___ that you can't see.

Verse 2

```
 ‖G                       |                    |
        If I could read ___ your mind, love,
 |Dm6/F                   |              |
      What a tale your thoughts ___ could tell.
 |G               |              |
      Just like a pa - perback novel,
 |Dm6/F           |              |
      The kind that drug stores sell.
 |G                          |Gadd9            |C
      When you reach the part ___ where the heart - aches come,
      |D              |Em
 The hero would be me.
      |C          |G
 But heroes often fail,
      |C                |G/B
 And you won't read that book again
       |A7sus4          |D              |
 Be - cause the ending's just too hard to take.
```

Interlude

```
 ‖G           | Gadd9    |Dm6/F   |           |
 |G           | Gadd9    |Dm6/F   |           |
```

Bridge

```
 ‖G               |Gadd9         |C
      I'd walk away ___ like a mov - ie star
             |D                 |Em          |
 Who gets burned in a three-way script.
 |C                 |G
  Enter number two:
  |C                  |G/B
 A movie queen to play ___ the scene
   |A7sus4              |D              |Em
 Of bringing all the good ___ things out in me.
        |C                     |G
 But for now, love, let's be real;
  |C                  |G/B
 I never thought I could act this way
         |A7sus4       |D              |
 And I've got to say that I just don't get it.
 |C                       |G/B
      I don't know where we ___ went wrong,
         |A7sus4           |D              ‖:G      |Gadd9    :‖
 But the feelin's gone and I just can't get it back.
```

Verse 3

```
‖G                        |                    |
     If you could read ___ my mind, love,
|Dm6/F                        |                 |
     What a tale my thoughts ___ could tell.
|G                        |                    |
     Just like an old ___ time movie
|Dm6/F                        |                 |
     'Bout a ghost from a wishin' well.
|G              |Gadd9        |C
 In a castle dark, ___ or a for - tress strong
                   |D              |Em
With chains ___ upon my feet.
    |C                 |G
But stories always end.
    |C                 |G/B
And if you read between ___ the lines,
    |A7sus4              |D                  |Em
You'll know that I'm just try - in' to understand
    |C                 |G
The feelings that you lack.
 |C                    |G/B
I never thought I could feel this way,
     |A7sus4           |D                |
And I've got to say that I just don't get it.
|C                         |G/B              |A7sus4
     I don't know where we ___ went wrong, but the feelin's gone
     |D                |G   |Gadd9 |Dm6/F |      |G     ‖
And I just can't get it back.
```

Steel Rail Blues

Words and Music by
Gordon Lightfoot

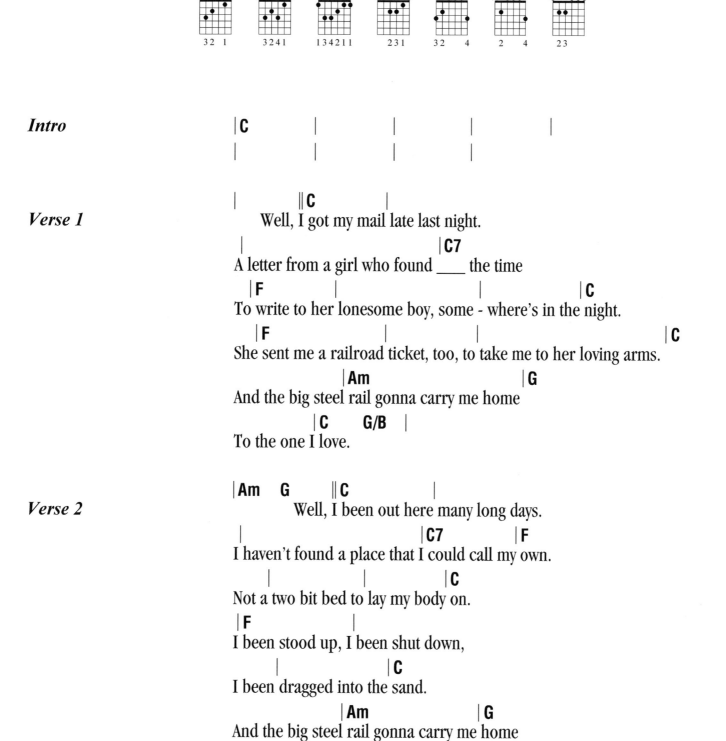

(Capo 1st fret)

Intro

|C | | | | |

| | | | |

Verse 1

| ‖**C** |
　　　Well, I got my mail late last night.
| |**C7**
A letter from a girl who found ___ the time
|**F** | | |**C**
To write to her lonesome boy, some - where's in the night.
|**F** | | |**C**
She sent me a railroad ticket, too, to take me to her loving arms.
|**Am** |**G**
And the big steel rail gonna carry me home
|**C** **G/B** |
To the one I love.

Verse 2

|**Am** **G** ‖**C** |
　　　Well, I been out here many long days.
| |**C7** |**F**
I haven't found a place that I could call my own.
| | |**C**
Not a two bit bed to lay my body on.
|**F** |
I been stood up, I been shut down,
| |**C**
I been dragged into the sand.
|**Am** |**G**
And the big steel rail gonna carry me home
|**C** **G/B** |**Am** **G** |
To the one I love.

Bridge 1

‖F |Em |Am |C | |
   Oo. _____ Hee, hee, hee!

|F   Em |Am G |C | | |
 Oo, oo,   oo,   oo, oo,   oo,   oo.

Verse 3

| ‖C | |
    Well, I been uptight most ev'ry night,

| |C7 |F
Walkin' along the streets of this old town,

   | | |C
Not a friend around to tell my troubles to.

 |F |
My good old car, she done broke down,

    | |C
'Cause I drove it into the ground.

       |Am |G
And the big steel rail gonna carry me home

    |C   G/B |
To the one I love.

Verse 4

|Am   G   ‖C |
    Well, I look over yonder a - cross the plain,

 | |C7 |F
The big drive wheels a pound - in' along the ground.

  | | |C
Gonna get on board and I'll be homeward bound.

 |F | | |C
Now, I ain't had a home-cooked meal, and Lord, I need one now.

  |Am |G
And the big steel rail gonna carry me home

   |C   G/B |Am   G |
To the one I love.

Bridge 2

Repeat Bridge 1

30

Verse 5

```
|            ‖C              |                    |
        Well, a, here I am with my head in the sand
|                          |C7
Standin' on the broad high - way.
                    |F        |
Would you give a ride to a lonesome boy
    |                    |C
Who missed the train last night?
|F            |                  |                        |C
I went in town for one last round and I gambled my ticket away,
                  |Am                      |G
And the big steel rail won't carry me home
              |C    G/B  |Am    G    |
To the one I love.
```

Outro

```
‖F  |Em |Am            |C        |        |
  Oo. _____ Hee, hee, hee!
|F    Em  |Am    G  |C      |        |
 Oo, oo,    oo,  oo,  oo,      oo,
|F  |Em |Am            |C        |        |
 Oo. _____ Hee, hee, hee!
|F    Em  |Am    G  |C      |      |          |            ‖
 Oo, oo,    oo,  oo,  oo,    oo,  oo, yik, hee, hee.
```

Rainy Day People

Words and Music by
Gordon Lightfoot

(Capo 2nd fret)

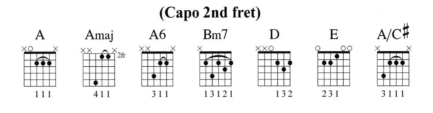

Intro

$|\frac{4}{4}$A **Amaj7** |**A6** **A** | | |

Verse 1

‖**A** |
  Rainy day people always seem to know
      |**Bm7** | |
When it's time to call.
|**D** |**E**
  Rainy day people don't talk, they just listen
        |**A** | **Bm7 A/C#** |
'Til they've ___ heard it all.

Chorus 1

‖**D** |**E** |
  Rainy day lovers don't lie when they tell you
|**D** |**A** **Bm7 A/C#** |
   They been down like you.
|**D** |**E**
  Rainy day people don't mind if you're cryin'
|$\frac{2}{4}$**D** |$\frac{4}{4}$**A** | |
A tear or two.

Verse 2

‖**A** |
  If you get lonely all you really need
      |**Bm7** | |
Is that rainy day love.
|**D** |**E**
  Rainy day people all know there's no sorrow
       |**A** | **Bm7 A/C#** |
They can't rise above.

Chorus 2

```
‖D                        |E                    |
   Rainy day lovers don't love any others,
|D                  |A          Bm7   A/C♯ |
   That would not be kind.
|D                  |E
   Rainy day people all know how it hangs
         |2/4D         |
On your peace of mind.
‖4/4A          |          |Bm7        |          |
|D          |E          |A          |          |
```

Chorus 3

```
‖D                        |E                        |
   Rainy day lovers don't lie when they tell you
|D                             |A        Bm7 A/C♯ |
   They been down there, too.
|D                  |E
   Rainy day people don't mind if you're cryin'
|2/4D        |4/4A        |          |          |          |
A tear or two.
```

Verse 3

```
‖A                    |
   Rainy day people always seem to know
                 |Bm7        |          |
When you're feelin' blue.
|D                             |E
   High steppin' strutters who land ___ in the gutter
                 |A          |      Bm7 A/C♯ |
Sometimes need one, too.
```

Chorus 4

```
‖D                  |E
   Take it or leave it or try to believe it
   |D                        |A        Bm7 A/C♯ |
If you've been down too long.
|D                  |E
   Rainy day lovers don't hide love inside,
         |2/4D        |4/4A        |          |
They just pass it on.
|D                  |E
   Rainy day lovers don't hide love inside,
         |2/4D        |4/4A        ‖
They just pass it on.
```

Ribbon of Darkness

Words and Music by
Gordon Lightfoot

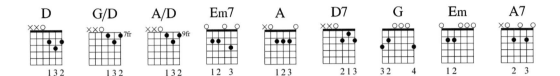

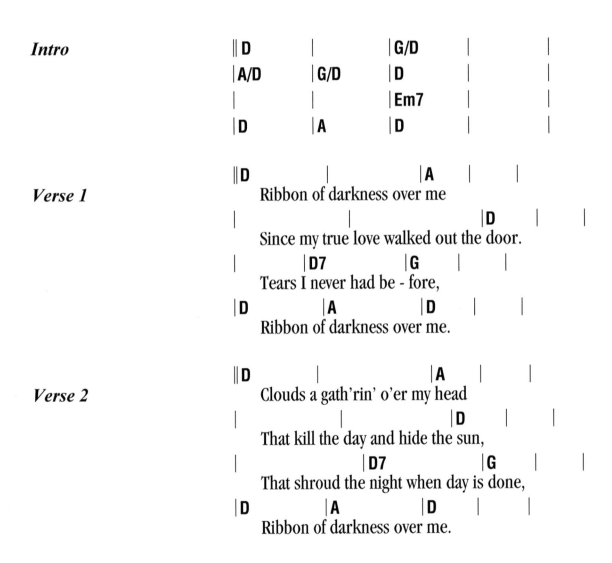

Intro

```
|| D        |          | G/D      |          |
|  A/D      | G/D      | D        |          |
|           |          | Em7      |          |
|  D        | A        | D        |          |
```

Verse 1

```
|| D                    | A        |          |
      Ribbon of darkness over me
|            |            | D       |          |
      Since my true love walked out the door.
|            | D7         | G       |          |
      Tears I never had be - fore,
|  D         | A          | D       |          |
      Ribbon of darkness over me.
```

Verse 2

```
|| D                    | A        |          |
      Clouds a gath'rin' o'er my head
|            |            | D       |          |
      That kill the day and hide the sun,
|            | D7         | G       |          |
      That shroud the night when day is done,
|  D         | A          | D       |          |
      Ribbon of darkness over me.
```

Bridge 1

```
‖Em        |A7          |D        |        |
      Rain is falling on the meadow
|Em           |A7           |D       |        |
      Where once my love and I did lie.
|Em        |A7            |D       |        |
      Now she is gone from the mea - dow.
|Em7      |A7           |Em7      |A7       |
  My love, _____  good    -  bye.
```

Verse 3

```
‖D          |            |A       |        |
      Ribbon of darkness over me
|            |            |D       |        |
      Where once the world was young as spring,
|                    |D7          |G       |        |
      Where flowers did bloom and birds did sing,
|D          |A           |D       |        |
      Ribbon of darkness over me.
```

Interlude   *Repeat Intro*

Bridge 2

```
‖Em          |A7          |D        |        |
      Here in this cold room lying,
|Em           |A7            |D       |        |
      Don't wanna to see no one but you.
|Em      |A7           |D       |        |
      Lord, I wish I could be dying
|Em7      |A7     |Em7      |A7       |
  To for - get ___ you.
```

Verse 4

```
‖D          |                |A       |        |
      Oh, how I wish your heart could see
|            |            |D       |        |
      How mine just aches and breaks all day.
|        |D7          |G       |        |
  Come on home and take a - way
|D          |A           |D       |        |
  This ribbon of darkness over me.
|        |D7          |G       |        |
  Yes, come on home and take a - way
|D          |A           |D       |    ‖
  This ribbon of darkness over me.
```

Song for a Winter's Night

Words and Music by
Gordon Lightfoot

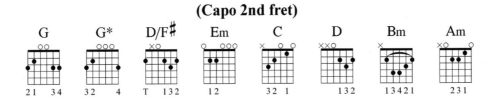

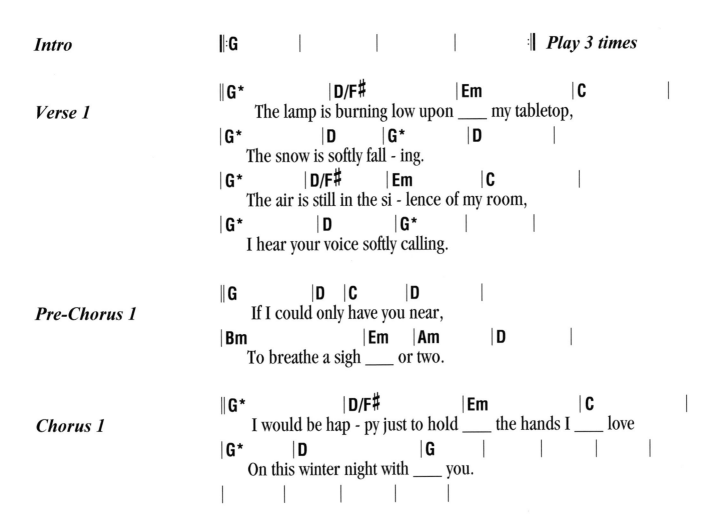

Intro

‖:G | | | :‖ *Play 3 times*

Verse 1

‖G* |D/F♯ |Em |C |
The lamp is burning low upon ___ my tabletop,
|G* |D |G* |D |
The snow is softly fall - ing.
|G* |D/F♯ |Em |C |
The air is still in the si - lence of my room,
|G* |D |G* | |
I hear your voice softly calling.

Pre-Chorus 1

‖G |D |C |D |
If I could only have you near,
|Bm |Em |Am |D |
To breathe a sigh ___ or two.

Chorus 1

‖G* |D/F♯ |Em |C |
I would be hap - py just to hold ___ the hands I ___ love
|G* |D |G | | | | |
On this winter night with ___ you.
| | | | | |

Verse 2

```
‖G*              |D/F♯           |Em              |C          |
    The smoke is rising in the shad - ows overhead,
|G*         |D       |G*      |D          |
    My glass is almost emp - ty.
|G*          |D/F♯            |Em              |C          |
    I read a - gain, between the lines ___ upon each page,
|G*            |D       |G*      |        |
    The words of love you sent me.
```

Pre-Chorus 2

```
‖G        |D        |C   |D      |
    If I could know with - in my heart
|Bm             |Em   |Am   |D      |
    That you were lone - ly, too,
```

Chorus 2   *Repeat Chorus 1*

Verse 3

```
‖G*               |D/F♯           |Em          |C          |
    The fire is dy - ing now, my lamp __ is growing dim,
|G*              |D       |G*      |D         |
    The shades of night are lifting.
|G*                  |D/F♯           |Em              |C          |
    The morning light ___ steals across ___ my window - pane,
|G*            |D          |G*      |        |
    Where webs of snow are drift - ing.
```

Pre-Chorus 3   *Repeat Pre-Chorus 1*

Chorus 3

```
‖G*              |D/F♯           |Em          |C              |
    I would be hap - py just to hold ___ the hands I ___ love
|G*      |D             |B7   |Em      |
    On this winter night with you.
|C              |D          |G     |     |     |     |
    And to be once ___ again with ___ you.
```

Outro   ‖: G | | | :‖ *Repeat and fade*

Summer Side of Life

Words and Music by
Gordon Lightfoot

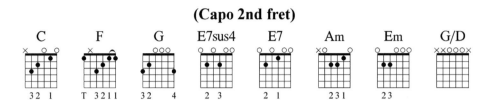

(Capo 2nd fret)

C F G E7sus4 E7 Am Em G/D

Intro
|C |F |C |F |

Verse 1

||C |G
    He came down through fields ___ of green
  |F |C |
On the summer side of life.
|G   F |C |
  His love ___ was ripe,
| |G
  There was no il - lusions
  |F |C |
On the summer side of life,
|G   F |C |
  Only tenderness.
|E7sus4   E7 |Am   G |F |
    And if you saw ___ him now,
|E7sus4   E7 |Am   G |
  You'd wonder why
|F | |C |F |C |F |
He would cry ___ the whole day long.

Verse 2

```
‖C                              |G
     There was young girls ev - 'rywhere
       |F            |C        |
On the summer side of life.
|G          F        |C        |
   They talked ___ all night
|                     |G
   To the young men that ___ they knew
     |F           |C        |
On the summer side of life,
|G        F      |C        |
   Goin' off ___ to fight.
|E7sus4   E7         |Am  G  |F      |
       And if you saw ___   them now,
|E7sus4   E7         |Am  G  |
   You'd wonder why
|F                 |
   They would cry
|                    |C    |F   |C    |F  Em  G/D|
   The whole day long.
```

Verse 3

```
‖C                              |G
     He came down through fields ___ of green
       |F            |C        |
On the summer side of life.
|G          F       |C         |
   He prayed ___ all night,
|                   |G
   Then he walked into ___ a house
       |F                |C       |
Where love ___ had been misplaced,
|G          F      |C        |
   His chance ___ to waste.
|E7sus4   E7           |Am  G  |F      |
       And if you saw ___ him now,
|E7sus4    E7          |Am  G   |
   You'd wonder why
|F                  |              |C    |F   |C   |
   He would cry ___ the whole day long.
```

Outro

```
‖:E7sus4   E7         |Am  G  |F      |
       And if you saw ___ him now,
|E7sus4   E7        |Am  G  |F     :‖ Repeat and fade
   You'd wonder why.
```

Sundown

Words and Music by
Gordon Lightfoot

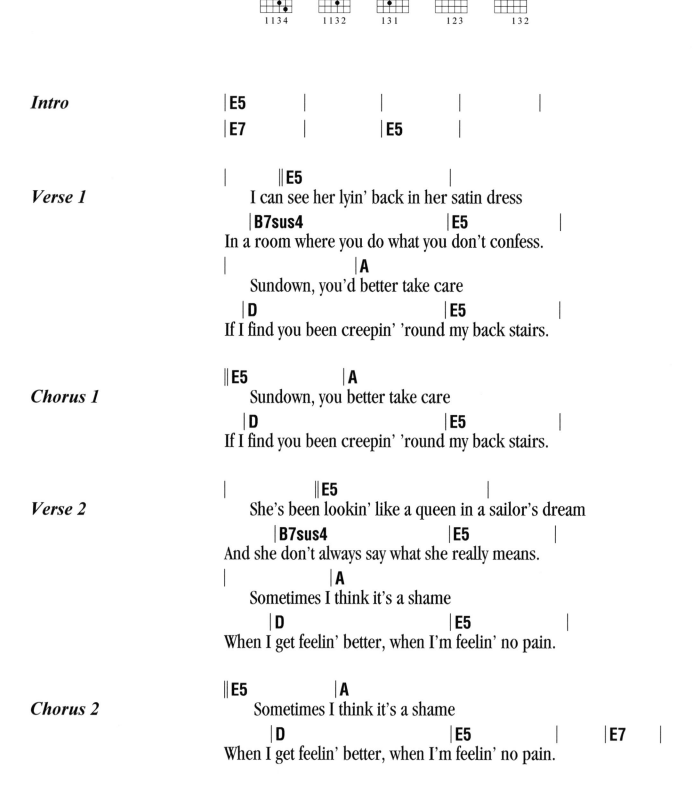

(Capo 2nd fret)

E5   E7   B7sus4   A   D

Intro

|E5 | | | |
|E7 | |E5 |

Verse 1

| ‖E5 |
　　　　I can see her lyin' back in her satin dress
　　|B7sus4 　　　　　|E5 |
In a room where you do what you don't confess.
| |A
　　Sundown, you'd better take care
|D 　　　　|E5 |
If I find you been creepin' 'round my back stairs.

Chorus 1

‖E5 　　　|A
　　Sundown, you better take care
|D 　　　|E5 |
If I find you been creepin' 'round my back stairs.

Verse 2

| ‖E5 |
　　　　She's been lookin' like a queen in a sailor's dream
　|B7sus4 　　　|E5 |
And she don't always say what she really means.
| |A
　　Sometimes I think it's a shame
|D 　　　|E5 |
When I get feelin' better, when I'm feelin' no pain.

Chorus 2

‖E5 　　|A
　　Sometimes I think it's a shame
|D 　　　|E5 | |E7 |
When I get feelin' better, when I'm feelin' no pain.

Verse 3

| **E5** ‖**E5** |

I can picture ev'ry move that a man could make;

|**B7sus4** |**E5** |

Gettin' lost in her lovin' is your first mistake.

| |**A**

Sundown, you better take care

|**D** |**E5**

If I find you been creepin' 'round my back stairs.

| |**A**

Sometimes I think it's a sin

|**D** |**E5** | |

When I feel like I'm winnin', when I'm losin' again.

Guitar Solo

‖**E5** | | | |

| **E7** | | | |

| | | | |

|**E5** |

Verse 4

| ‖**E5** |

I can see her lookin' fast in her faded jeans.

|**B7sus4** |**E5** |

She's a hard lovin' woman, got me feelin' mean.

| |**A**

Sometimes I think it's a shame,

|**D** |**E5** |

When I get feelin' better, when I'm feelin' no pain.

Chorus 3

‖**E5** |**A**

Sundown, you better take care

|**D** |**E5** |

If I find you been creepin' 'round my back stairs.

| |**A**

Sundown, you better take care

|**D** |**E5** | **E7** |

If I find you been creepin' 'round my back stairs.

|**E5** |**A**

Sometimes I think it's a sin

|**D** |**E5** | |

When I feel like I'm winnin', when I'm losin' again.

Outro

‖: **E7** | |**E5** |**E7** :‖ *Repeat and fade*

41

Talking in Your Sleep

Words and Music by
Gordon Lightfoot

(Capo 2nd fret)

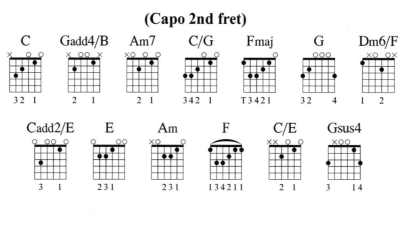

Intro

| C Gadd4/B |Am7 C/G |Fmaj7 |G |

Verse 1

‖C   Gadd4/B |Am7
  I heard you talk - ing in your sleep.
     C/G |Fmaj7
Is there anything that I can do?
| C |G
I don't believe we've had a word all day
    |C |
'Bout any - thing at all.

Verse 2

‖C   Gadd4/B |Am7
  I heard you talk - ing in the night.
   C/G |Fmaj7
That's right, yes, I heard you call,
     | C |G
Though I could hardly hear ____ the name you spoke.
    |C |G |
It's a name I don't recall.

Chorus 1

```
‖Dm6/F                    |Cadd2/E       |
     I heard you softly whis - per.
|Dm6/F                      |E            |
     I reached out to hold ___you near me.
|Am              C/G            |F     C/E     |
     Then from your lips ___ there came ___ that se - cret
|F          C/E                  |Gsus4    |G        |
     I was not ___ supposed to know.
```

Verse 3

```
‖C                Gadd4/B    |Am7
     I heard you talk - ing in your sleep.
        C/G              |Fmaj7
Is there anything that I can say?
 |                 C           |G
I don't believe we've had a word all day
         |C             |
'Bout any - thing at all.
```

Interlude

```
|C    Gadd4/B |Am7   C/G  |Fmaj7        |     C       |
|G            |C    Gadd4/B |Am7   C/G  |Fmaj7        |
|       C     |G            |C           |G           |
```

Chorus 2

Repeat Chorus 1

Verse 4

Repeat Verse 1

Verse 5

```
‖C                Gadd4/B       |Am7
     I heard you talk - ing in the night.
        C/G          |Fmaj7
That's right, yes, I heard you call,
         |                 C          |G
Though I could hardly hear ___ the name you spoke.
        |C              |
It's a name I don't recall.
```

Outro

```
‖C   Gadd4/B |Am7   C/G  |F     G   |C              ‖
```

43

The Wreck of the Edmund Fitzgerald

Words and Music by
Gordon Lightfoot

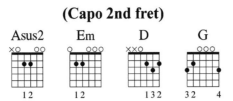

Intro

|Asus2 |Em |D |Asus2 |
| |D |Asus2 |

Verse 1

| ‖Asus2 |Em
    The legend lives on from the Chippewa on down
  |G   D |Asus2 |
Of the big lake they called ____ "Gitche Gu - mee."
| | |Em
    The lake, it is said, never gives up her dead
  |G   D |Asus2 |
When the skies of No - vember turn gloomy.
| | |Em
    With a load of iron ore twenty-six thousand tons more
  |G   D |Asus2 |
Than the Edmund Fitz - gerald weighed empty,
| | |Em
    That big ship and crew was a bone to be chewed
      |G   D |Asus2 |
When the "Gales ____ of No - vember" came early.

Verse 2

```
        |      ‖Asus2               |Em
          The ship was the pride of the A - merican side
          |G           D        |Asus2
Coming back from some mill in Wis - consin.
        |                        |Em
As the big freighters go it was bigger than most,
        |G          D        |Asus2
With a crew and good captain well seasoned,
        |                            |Em
Con - cluding some terms with a couple of steel firms
              |G        D          |Asus2
When they left fully loaded for Cleve - land.
        |                        |Em
And later that night when the ship's bell rang,
          |G           D            |Asus2     |
Could it be the north wind they've been feelin'?
|                |Em        |D          |Asus2     |
```

Verse 3

```
        |      ‖Asus2               |Em
          The wind in the wires made a tattletale sound
          |G           D      |Asus2        |
And a wave broke over the railing.
|        |                |Em
     And ev'ry man knew as the captain did, too,
            |G        D          |Asus2       |
'Twas the witch of No - vember come stealin'.
|        |                    |Em
     The dawn came late and the breakfast had to wait
                |G        D          |Asus2
When the "Gales ___ of No - vember" came slashin'.
        |                        |Em
When afternoon came, it was freez - in' rain
|G         D          |Asus2        |
In the face of a hurricane west ___ wind.
```

Interlude 1

```
‖ Asus2      |Em          |D            |Asus2       |
|Em          |D           |Asus2       |
```

Verse 4

```
|          ‖Asus2              |Em
```
When suppertime came, the old cook came on deck
```
          |G        D        |Asus2      |
```
Sayin', "Fellas, it's too rough to feed ya."
```
|      |                |Em
```
At seven p.m., a main hatchway caved in,
```
          |G        D        |Asus2          |
```
He said, "Fellas, it's been good to know ya."
```
|      |                  |Em
```
The captain wired in, he had water comin' in
```
          |G            D        |Asus2
```
And the good ship and crew was in peril.
```
          |                |Em
```
And later that night, when 'is lights went out of sight,
```
          |G        D        |Asus2      |
```
Came the wreck of the Edmund Fitz - gerald.

Interlude 2

```
‖ Asus2    |Em        |D        |Asus2      |
|Em        |D        |Asus2      |          |
|          |
```

Verse 5

```
|          ‖Asus2              |Em
```
Does anyone know where the love of God goes
```
          |G            D        |Asus2      |
```
When the waves turn the minutes to hours?
```
|      |                      |Em
```
The searchers all say they'd have made Whitefish Bay
```
          |G            D        |Asus2      |
```
If they'd put fifteen more miles be - hind 'er.
```
|      |                      |Em
```
They might have split up or they might have capsized,
```
          |G            D        |Asus2      |
```
They may have broke deep and took water.
```
          |                |Em
```
And all that remains is the faces and the names
```
          |G            D        |Asus2      |
```
Of the wives and the sons and the daughters.

Interlude 3

```
‖Asus2      |Em        |D         |Asus2      |
|Em         |D         |Asus2     |           |
```

Verse 6

```
‖Asus2                      |Em
  Lake Huron rolls, Supe - rior sings
     |G            D          |Asus2
In the rooms of their ice ___ water mansion.
     |                    |Em
Old Michigan steams like a young man's dreams;
     |G       D           |Asus2       |
The is - lands and bays are for sports - men.
   |        |              |Em
        And further below Lake On - tario
     |G          D         |Asus2
Takes in what Lake Erie can send her,
     |               |Em
And the iron boats go as the mariners all know,
       |G           D          |Asus2       |
With the "Gales of Novem - ber" remem - bered.
```

Interlude 4

```
‖:Asus2     |Em        |D         |Asus2      |
|Em         |D         |Asus2     |          :‖
|           |
```

Verse 7

```
|        ‖Asus2              |Em
        In a musty old hall in De - troit, they prayed
   |G        D           |Asus2      |
In a maritime sailors' Cath - edral.
   |        |                      |Em
        The church bell chimed 'til it rang twenty-nine times
     |G        D           |Asus2      |
For each man on the Edmund Fitz - gerald.
   |        |                |Em
        The legend lives on from the Chippewa on down
     |G           D          |Asus2       |
Of the big lake they called "Gitche Gu - mee."
   |        |                |Em
        Su - perior, they said, never gives up her dead
       |G           D          |Asus2       |
When the "Gales of No - vember" come early.
```

Outro

Play Interlude 3 2 times

The Strum & Sing series for guitar and ukulele provides an unplugged and pared-down approach to your favorite songs – just the chords and the lyrics, with nothing fancy. These easy-to-play arrangements are designed for both aspiring and professional musicians.

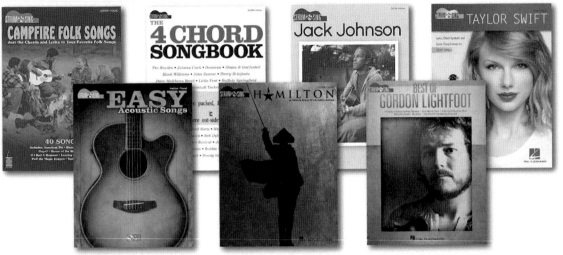

GUITAR

Acoustic Classics
00191891 ....$15.99

Adele
00159855 ....$12.99

Sara Bareilles
00102354 ....$12.99

The Beatles
00172234 ....$17.99

Blues
00159335 ....$12.99

Zac Brown Band
02501620 ....$19.99

Colbie Caillat
02501725 ....$14.99

Campfire Folk Songs
02500686 ....$15.99

Chart Hits of 2014-2015
00142554 ....$12.99

Chart Hits of 2015-2016
00156248 ....$12.99

Best of Kenny Chesney
00142457 ....$14.99

Christmas Carols
00348351 ....$14.99

Christmas Songs
00171332 ....$14.99

Kelly Clarkson
00146384 ....$14.99

Coffeehouse Songs for Guitar
00285991 ....$14.99

Leonard Cohen
00265489 ....$14.99

Dear Evan Hansen
00295108 ....$16.99

John Denver Collection
02500632 ....$17.99

Disney
00233900 ....$17.99

Eagles
00157994 ....$14.99

Easy Acoustic Songs
00125478 ....$19.99

Billie Eilish
00363094 ....$14.99

The Five-Chord Songbook
02501718 ....$14.99

Folk Rock Favorites
02501669 ....$14.99

Folk Songs
02501482 ....$14.99

The Four-Chord Country Songbook
00114936 ....$15.99

The Four Chord Songbook
02501533 ....$14.99

Four Chord Songs
00249581 ....$16.99

The Greatest Showman
00278383 ....$14.99

Hamilton
00217116 ....$15.99

Jack Johnson
02500858 ....$19.99

Robert Johnson
00191890 ....$12.99

Carole King
00115243 ....$10.99

Best of Gordon Lightfoot
00139393 ....$15.99

Dave Matthews Band
02501078 ....$10.95

John Mayer
02501636 ....$19.99

The Most Requested Songs
02501748 ....$16.99

Jason Mraz
02501452 ....$14.99

**Tom Petty –
Wildflowers & All the Rest**
00362682 ....$14.99

Elvis Presley
00198890 ....$12.99

Queen
00218578 ....$12.99

Rock Around the Clock
00103625 ....$12.99

Rock Ballads
02500872 ....$9.95

Rocketman
00300469 ....$17.99

Ed Sheeran
00152016 ....$14.99

The Six-Chord Songbook
02502277 ....$17.99

Chris Stapleton
00362625 ....$19.99

Cat Stevens
00116827 ....$17.99

Taylor Swift
00159856 ....$14.99

The Three-Chord Songbook
00211634 ....$12.99

Top Christian Hits
00156331 ....$12.99

Top Hits of 2016
00194288 ....$12.99

Keith Urban
00118558 ....$14.99

The Who
00103667 ....$12.99

Yesterday
00301629 ....$14.99

Neil Young – Greatest Hits
00138270 ....$15.99

UKULELE

The Beatles
00233899 ....$16.99

Colbie Caillat
02501731 ....$10.99

Coffeehouse Songs
00138238 ....$14.99

John Denver
02501694 ....$17.99

The 4-Chord Ukulele Songbook
00114331 ....$16.99

Jack Johnson
02501702 ....$19.99

John Mayer
02501706 ....$10.99

The Most Requested Songs
02501453 ....$15.99

Jason Mraz
02501753 ....$14.99

Pop Songs for Kids
00284415 ....$16.99

Sing-Along Songs
02501710 ....$16.99

HAL•LEONARD®

halleonard.com
Visit our website to see full song lists
or order from your favorite retailer.

*Prices, contents and availability
subject to change without notice.*